HISTOIRE VÉRITABLE
DE
JEANNE DE S.-REMI,
OU
LES AVENTURES
DE LA COMTESSE DE LA MOTTE.

A VILLEFRANCHE,

Chez la Veuve LIBERTÉ.

M. DCC. LXXXVI.

AVERTISSEMENT.

Quoique l'Histoire que nous donnons au Public soit assez détaillée pour que l'on ait pu se dispenser de faire cette espece de Préface, elle nous a cependant paru nécessaire pour plusieurs motifs, que le Lecteur appercevra facilement pour le peu qu'il daigne y faire attention.

Madame de la Motte a toujours voulu faire accroire qu'elle tiroit son origine d'un fils naturel du Roi Henri II.

Au défaut de l'extrait baptistaire de Henri de Saint-Remi, et autres titres qui seuls pouvoient justifier cette prétention, elle a eu recours aux Historiens; elle a cité dans ses Mémoires le Pere Anselme, et M. le Président Hainault qui s'est immortalisé par ses vastes connoissances.

Quelque respect que nous devions avoir pour cet illustre Ecrivain, quelque confiance qu'il nous inspire, nous ne pouvons nous empêcher de dire qu'il paroît s'être trompé à l'égard du fils naturel qu'il prétend donner au Roi Henri II.

Tout le monde sait qu'un Auteur accrédité est copié et recopié par vingt autres. On ne cherche point à examiner si ce qu'il annonce est véritable ou non. Rapporte-t-il un fait ? on ne le révoque plus en doute ; on cite ce fait après lui : l'erreur se perpétue, et prend alors la place de la vérité.

Mais sur quel témoignage le Pere Anselme avance-t-il que le fils de Nicole de Savigny avoit pour pere le Roi Henri II ? En auroit-il trouvé la preuve dans la donation de trente mille écus sols que Henri III fit à Henri de Saint-Remi en 1577 ? Nous n'appercevons dans cette libéralité qu'un trait de la bienfaisance du Monarque, qui vouloit récompenser un de ses sujets des services qu'il croyoit en avoir reçus.

Si le Roi Henri III eût regardé M. de Saint-Remi comme un fils naturel de

Henri II, ne l'auroit-il pas pourvu de l'Ordre du Saint-Esprit qu'il avoit institué? Il ne paroît pas, d'après la vérification que nous avons faite, que jamais le fils de Nicole de Savigny ait été revêtu de cette dignité.

Si cette Dame eût été la favorite de son Souverain, si un fils de Prince avoit été le gage de leurs amours, auroit-elle ensuite prodigué ses faveurs à Guillaume de la Baume-Montrevel? Auroit-elle fini par épouser un simple Gentilhomme appellé Jean de Ville? Et elle l'a fait.

Concluons de ces raisonnemens qui nous paroissent solides, qu'il n'est point certain que la famille des Saint-Remi tire son origine d'un de nos Rois.

On trouvera sans doute une différence très-remarquable entre le portrait que nous avons fait de l'honnête Durand, et celui qu'en a tracé madame de la Motte dans son premier Mémoire.

Elle le représente (toutefois sans le nommer, mais le désignant assez) comme un homme qui avoit profité de la foiblesse de son pere, pour s'enrichir de ses dépouilles. C'est une fausseté de plus à ajouter à toutes celles qu'elle a imaginées. Durand étoit à son aise. Le Baron avoit-il besoin de sa bourse ? elle lui étoit ouverte, et il y puisoit. La sortie de madame de la Motte contre le bienfaiteur de sa famille, prouve bien qu'elle n'a jamais été susceptible d'une sincere reconnoissance.

Quelques personnes auxquelles nous avons communiqué cet Ouvrage, avant de le livrer à la presse, nous ont paru trouver romanesques les amours de Marianne avec Colas. L'anecdote est connue ; elle est publique à Bar-sur-Aube ; elle l'est aussi à Fontette où Colas réside. On peut aisément la vérifier à la source, dans le cas où on en douteroit.

Nous avons habité pendant long-temps le Bar-sur-Aubois ; nous nous sommes instruits de tous les faits. Aucune des circonstances de cette histoire ne nous est échappée ; et nous pouvons dire sans crainte que son premier et peut-être son seul mérite, est celui de l'exactitude.

Avant de terminer cette Préface, nous croyons devoir prévenir le public, que, dans le Bar-sur-Aubois, il existe deux familles différentes de de la Motte; l'une, dont est le mari de la Comtesse, est une famille honnête, mais bourgeoise, et point du tout alliée à l'autre; la seconde, dont la noblesse très-ancienne se perd dans l'obscurité des temps, étoit autrefois établie à Braux-le-Comte. MM. de la Motte en étoient Seigneurs; ils possédoient encore les Terres de Tranes, de Gessain et d'Arsonval, avec plusieurs autres Fiefs considérables. Autant distingués par leur mérite personnel, que par leur naissance, et les hautes alliances qu'ils avoient contractées, ils ont toujours cru devoir suivre le parti des armes; ils ont perdu une partie de leurs biens au service. Un rejetton de cette ancienne maison aujourd'hui peu fortunée, est maintenant Officier au Régiment d'Artois, Infanterie, sous le nom de *de la Motte d'Arsonval*.

La branche aînée s'est retirée sur les limites de la Lorraine; elle réside à Eufonvelle, près Bourbonne-les-Bains.

Elle porte pour armes *d'azur, à la souche mal-taillée d'or, surmontée à dextre d'une étoile d'argent.*

C'est afin que l'on ne confonde point les deux familles ensemble, que nous insérons cet article.

N. B. A l'instant que nous finissons cet Ouvrage, nous apprenons qu'il en paroît un dans le public, ayant pour titre : *Le Compte Rendu, &c.* Nous ne craignons pas d'assurer qu'il n'a point le mérite de cette Histoire, qui contient, outre le détail du procès, les anecdotes de la vie privée d'une femme dont les aventures feront époque, et passeront à la postérité.

JEANNE DE S.-REMI,

OU

LES AVENTURES DE LA COMTESSE DE LA MOTTE.

LA Comtesse de la Motte a joué un rôle trop considérable ; elle a compromis trop de personnnes dans la fameuse affaire du collier, pour que l'on ne croie pas faire plaisir au public, en lui donnant les aventures de cette femme intrigante, qui a fixé sur elle les regards de la France, ou, pour mieux dire, de l'Europe entiere, pendant l'espace de plus de dix mois.

Jacques, Baron de Saint-Remi, son pere, étoit originaire de la province de Champagne, d'une famille ancienne, tombée dans l'oubli depuis environ soixante ans,

Il se prétendoit descendre d'un fils naturel du Roi Henri II, et de Nicole de Savigny, dame de Saint-Remi ; mais les Auteurs qui ont eu soin de transmettre à la postérité les noms des enfans naturels de nos Rois, ne décident pas ce fait d'une maniere positive.

Voici tout ce qu'ils nous apprennent à cet égard.

« Henri de Saint-Remi (trisaïeul du pere de madame de la Motte), Gentilhomme ordinaire de la Chambre du Roi Henri III, est crû fils naturel du Roi Henri II, et de Nicole de Savigny, demoiselle de Saint-Remi. »

« Le Roi Henri III, par ses lettres du 13 Février 1577, lui donna trente mille écus sols, qui furent payés, par son exprès commandement, à la demoiselle sa mere, dont elle donna quittance le 26 du même mois. »

« Il laissa postérité qui porte pour armes *d'argent à une face d'azur chargée de trois fleurs de lys d'or*. C'est ainsi qu'elles furent présentées à M. de Caumartin, Intendant de Champagne, lors de la recherche de la noblesse en 1667, qui, par considération, ne voulut point prononcer de jugement. »

« Nicole de Savigny ayant eu part à la faveur de Guillaume de la Baume-Montrevel, Archevêque de Besançon et Abbé de Charlieu, prétendit qu'il y avoit un engagement de mariage entr'elle et ce Seigneur. Sa vue étoit de faire tomber ces deux bénéfices sur Henri, son fils; mais on obligea ce Prélat d'aller en Italie; et il fut depuis Cardinal. »

D'après nos Historiens, il est donc permis de douter que madame de la Motte tire son origine d'un fils naturel du Roi Henri II.

Quoi qu'il en soit, les ancêtres du Baron de Saint-Remi s'étoient distingués à la Cour et dans les Armées; ils avoient dépensé la majeure partie de leur fortune au service : leur sang avoit été plus d'une fois versé pour la défense de l'Etat.

Quant à lui, il ne chercha point à marcher sur leurs traces; il ne fit rien pour se distinguer. Foible, indolent, homme nul pour ainsi dire, il voulut passer ses jours dans l'obscurité; il végéta d'une maniere crapuleuse.

Sa société n'étoit composée que de paysans, pour la plupart stupides et grossiers, avec lesquels il s'enivroit, et dissipoit son patrimoine. Il parvint enfin à un tel degré d'avilissement, que, sans aucune considération pour sa naissance, et pour ce qu'il se devoit à lui-même, après avoir habité pendant plusieurs années avec une fille de la lie du peuple, qu'il avoit prise à son service, il lui fit un enfant, et l'épousa.

Cette femme sans naissance, sans éducation, sans mœurs, sans esprit et sans beauté, n'étoit pas propre, à beaucoup près, à retirer son mari de la débauche dans laquelle il croupissoit : elle contribua à l'y plonger de plus en plus. Si l'on en croit la renommée, elle enchérit encore sur les déréglemens de son époux, en se livrant au libertinage.

Cependant, leur famille augmentoit. Tous les ans, la féconde Baronne procuroit à son mari les honneurs de la paternité : elle lui avoit donné un fils six mois avant son mariage. L'année suivante, c'est-à-dire, le 22 Juillet 1756, elle accoucha de la fameuse Jeanne dont on va rapporter les aventures. Quinze mois après cette époque, elle donna le jour à une autre fille, nommée Marianne. Son histoire, de même que celle de son frere, trouveront place dans le cours de cet Ouvrage.

La mauvaise conduite du Baron de Saint-Remi et de sa femme, opéra bientôt leur ruine totale.

Ils avoient vendu la Terre de Fontette, près Bar-sur-Aube, qui étoit dans la famille du Baron depuis plusieurs siecles. L'argent qu'ils en avoient reçu, s'étoit bientôt dissipé; il ne leur restoit plus que quelques arpens de terre; encore étoient-ils saisis. Leur crédit étoit épuisé; ils se trouvoient sans aucune ressource.

Pour comble de malheurs, la Baronne étoit enceinte. Les créanciers de son mari exerçoient contre lui les poursuites les plus rigoureuses ; ils menaçoient même de le faire emprisonner.

Dans cette fâcheuse position, le Baron de Saint-Remi n'avoit plus d'autre parti à prendre que celui de la fuite. Aussi, quoique sans argent, sans espoir pour l'avenir, ne sachant de quelle maniere il pourroit subsister avec sa femme et ses enfans, et cherchant néanmoins à s'étourdir encore sur sa triste destinée, il résolut d'aller se réfugier à Paris.

Déterminé à quitter le village de Fontette, berceau de ses ancêtres, l'exécution de ce projet devient embarrassante. La plus jeune de ses filles, Marianne, ne marche point encore. Il est impossible de la porter pendant tout le cours du voyage. C'est bien assez de traîner la petite Jeanne et son frere. Il faut donc abandonner l'infortunée Marianne, et laisser à la Providence le soin de disposer de son sort.

Ce fut aussi le parti que prirent son pere et sa mere.

Il y avoit à Fontette un Laboureur, nommé Durand, qui avoit toujours été fort attaché au Baron de Saint-Remi et à sa famille. Ce particulier étoit marié, et n'avoit point d'enfans. Il culivoit en paix quelques champs dont il avoit hérité de ses peres. Il vivoit sans ambition dans une heureuse et honnête médiocrité.

Ce bon villageois avoit souvent offert au Baron des secours pécuniaires, que celui-ci n'avoit point rejettés. Il étoit parrain de Marianne. Le Baron de Saint-Remi connoissoit le bon cœur de Durand, et son amitié pour sa filleule. Il espéra qu'il prendroit soin d'elle, et qu'il l'éleveroit. On verra par la suite qu'il ne s'étoit pas trompé.

Voulant abandonner cette innocente créature, et se dérober par la fuite aux poursuites de ses créanciers, le Baron de Saint-Remi choisit une nuit sombre pour l'instant de son départ.

L'heure arrivée, la Baronne emmaillote Marianne; le pere la prend entre ses bras, la presse contre son sein, l'embrasse, et verse sur son visage un torrent de larmes. En regrettant l'époque malheureuse où elle reçut le jour, il la met dans un mauvais panier de jonc, et va la suspendre à la fenêtre de Durand, qui pour-lors étoit enseveli dans les bras du sommeil. Cela fait, le pere infortuné s'éloigne et gémit. Son épouse et lui vont à pied; ils traînent avec eux Jeanne et son frere, et s'acheminent vers la capitale.

Il n'arriva rien d'extraordinaire en route à nos pauvres voyageurs : ils alloient à petites journées,

Après plusieurs jours de marche, ils arriverent à Paris. Ne trouvant pas d'occupation dans cette ville, ils la quitterent bientôt, et dirigerent leurs pas vers Boulogne dont ils connoissoient le Curé.

Ce respectable Ecclésiastique, l'exemple de ses confreres, est humble, affable, autant que généreux et compâtissant : il accueillit la famille infortunée avec cette affection et cette aménité de sentiment qui font le propre de son caractere. Ce fut dans son sein que le Baron de Saint-Remi versa toutes ses peines. Il lui fit part de ses chagrins; il lui avoua que son mariage dont il se repentoit alors, et dont il rougissoit trop tard, étoit le seul motif qui l'empêchoit de solliciter à la Cour un emploi qui pût le faire vivre.

Le Curé qui craignoit d'humilier le Baron, ne lui fit aucuns reproches sur sa conduite passée : il se contenta de lui donner des conseils pour l'avenir; il le logea près de la Cure, avec sa femme et ses enfans; il les visitoit de temps à autres, et fournissoit charitablement à une partie de leur dépense.

Cependant, la Baronne touchoit à la fin de sa grossesse. Elle donna le jour à une troisieme fille qui ne vécut pas.

Elle n'étoit pas encore parfaitement rétablie, lorsque le Baron de Saint-Remi, livré en proie aux regrets les plus cuisans; et succombant enfin sous le poids de l'infortune, tomba malade. Bientôt sa vie fut en danger. Il fut transporté à l'Hôtel-Dieu. C'est dans cet hôpital qu'il termina sa carriere, en 1762, à l'âge de quarante-quatre ans.

La mort du Baron de Saint-Remi n'affecta que médiocrement son épouse. Jamais cette femme n'avoit aimé sincerement son mari : elle ne l'avoit épousé que par intérêt, par vanité, et pour exercer un empire plus absolu sur son esprit; elle n'avoit même quitté Fontette pour le suivre qu'à regret. Les différentes liaisons qu'elle y avoit contractées, la portoient à desirer avec ardeur son retour dans ce village, afin d'y reprendre en liberté ses anciennes habitudes.

Elle témoigna l'envie qu'elle avoit d'aller à Fontette. Le Curé de Boulogne ne put s'opposer à son voyage; il eut encore la générosité de lui donner de l'argent pour faire sa route. Elle partit, emmena son fils avec elle, et se munit de ceux des titres de son mari, qu'elle imaginoit pouvoir être nécessaires un jour à cet enfant.

Jeanne n'avoit point suivi sa mere. Le Curé qui crut remarquer en elle quelques dispositions heureuses, la retint auprès de lui. Il se proposa de cultiver son esprit, et de lui procurer une éducation soignée. A cet effet, il lui fit apprendre à lire et à écrire. Lorsqu'elle fut en âge de pouvoir travailler, il la mit en apprentissage : en fort peu de temps elle sut coudre et broder parfaitement. La Marquise de Boulainvillers eut occasion de voir plusieurs de ses ouvrages : elle lui accorda sa protection. Jeanne s'attacha dès-lors à cette dame respectable.

Ce fut à cette époque que cette fille ambitieuse, dont le caractere altier ne supportoit qu'avec peine de se voir réduite à passer ses jours dans une condition obscure, commença à faire jouer les premiers ressorts de ses intrigues qui lui ont procuré par la suite et sa fortune & ses malheurs.

Il suffit de nommer la Marquise de Boulainvillers, pour faire son éloge. C'étoit une de ces femmes rares qui honorent à la fois et leur sexe et leur siecle. Parmi toutes les vertus que cette dame possédoit dans un degré éminent, l'affabilité et la bienfaisance étoient celles qui lui gagnoient tous les cœurs.

Jeanne mit toute son application à se concilier l'estime et l'amitié de sa généreuse protectrice.

Lorsqu'elle crut avoir mérité la bienveillance de la Marquise, elle prit peu-à-peu devant elle un air rêveur et mélancolique : tantôt elle paroissoit triste, et poussoit de profonds soupirs; tantôt elle laissoit échapper de ses yeux quelques larmes, qu'elle eût été bien fâchée que l'on n'eût pas apperçues ; en un mot, elle s'étudioit à copier au naturel le personnage d'une femme accablée de chagrins.

Madame de Boulainvillers ne tarda point à s'appercevoir de l'affliction dans laquelle Jeanne paroissoit être plongée ; elle voulut être instruite du motif de ses peines, pour chercher à la consoler.

Jeanne étoit préparée à répondre ; mais, comme elle vouloit parvenir sûrement à son but, elle se défendit d'abord de satisfaire aux questions de la Marquise, de maniere cependant à exciter vivement sa curiosité.

Madame de Boulainvillers insista. Jeanne ne pouvant résister plus long-temps à ses sollicitations, résolue enfin de rompre le silence, et d'ouvrir son cœur à la Marquise : « Vous êtes trop bonne, Madame, lui dit-elle, en baissant les yeux, et en soupirant, de daigner faire attention à ma tristesse. Mes peines, hélas ! sont de nature à ne recevoir jamais aucun adoucissement. Je n'étois pas née, Madame, ajouta-t-elle, pour le rang où je me vois forcée de descendre. Mes peres occupoient les premieres places à la Cour ; ils ne voyoient qu'un léger intervale entre le trône et eux : leur origine se perdoit dans celle de nos Rois. Le Sang des Valois coule dans mes veines ; et, infortunée que je suis, je n'ai hérité que du malheur qui persécuta si constamment ceux de mes aïeux qui gouvernerent les François ».

Alors elle apprit à la Marquise comment son pere avoit perdu par sa faute tous les biens qu'il possédoit ; comment il étoit venu à Paris, où il étoit mort à la fleur de son âge, à l'Hôtel-Dieu ; enfin, elle raconta son histoire, depuis l'époque de son enfance, jusqu'au moment où elle avoit connu Madame de Boulainvillers, en ajoutant que depuis le départ de sa mere, elle n'en avoit reçu aucune nouvelle, et qu'elle ignoroit ce qu'étoient devenus son frere et sa sœur ; mais qu'elle les croyoit encore à Fontette.

La Marquise, vivement touchée de ce récit, employa les raisonnemens les plus persuasifs pour consoler Jeanne. Dès ce moment, elle voulut que, dans toute sa maison, on ne considéra plus cette fille que comme son amie, au sort de laquelle elle prenoit un vif intérêt. Elle la fit habiller d'une maniere convenable à son nouvel état, et lui promit de faire son bonheur. Aussitôt elle écrivit à la Baronne de Saint-Remi, et l'engagea de lui faire passer les titres qui pouvoient constater la naissance illustre de sa protégée.

La lettre de la Marquise de Boulainvillers ne parvint point à sa destination. La Baronne n'étoit plus à Fontette. Il y avoit plusieurs années qu'elle avoit disparu. L'on ignoroit ce qu'elle étoit devenue.

Peut-être sera-t-on curieux d'apprendre ce qui lui étoit arrivé, ainsi qu'à son fils, depuis qu'ils avoient quittés le Curé de Boulogne.

Aussitôt que la Baronne de Saint-Remi avoit été à Fontette, elle avoit cherché à renouer avec ses anciennes connoissances. Durand et sa fille n'étoient pas les premieres personnes qu'elle étoit allée voir. Elle continua le genre de vie qu'elle avoit mené d'abord. Sa conduite fut aussi licentieuse qu'elle l'avoit été avant son départ.

Durand avoit pris en amitié sa filleule ; il étoit tellement attaché à cet enfant, de même que son épouse, qu'ils avoient résolus l'un et l'autre de réparer autant qu'il étoit en eux, le tort que ses parens avoient fait à sa fortune, et de lui laisser, après leur mort, le peu de biens qu'ils possédoient. Ils l'élevoient comme leur propre fille, la faisant aller tous les jours aux champs et à la charrue ; ils lui donnoient une éducation conforme à celle qu'ils avoient reçus eux-mêmes, leur faculté ne leur permettant pas de lui en procurer une plus brillante, et plus convenable à sa naissance.

Durand et son épouse n'ignoroient pas combien la Baronne avoit contribué à la ruine de son mari. Ils ne pouvoient estimer cette femme : aussi ne furent-ils pas beaucoup affectés de ce qu'elle ne venoit pas chez eux aussi souvent qu'elle auroit dû le faire : ils n'en chérissoient pas moins Marianne.

Quant à sa mere, tant qu'elle jouit de la fraîcheur de la jeunesse, elle trouva des adorateurs rustiques qui l'aiderent à subsiter, elle et son fils ; mais les années rallentirent leur ardeur ; elle se vit délaissée, et devint plus malheureuse qu'elle ne l'avoit encore été.

Dans le temps que ses galans l'abandonnoient, il arriva une disette de grains en Champagne, qui fut, pour ainsi dire, générale dans toute la France. Le blé étoit fixé à un prix exorbitant. On ne pouvoit pas avoir de pain. La Baronne et son fils travailloient à la culture des vignes pour différens particuliers de Fontette. Ce qu'ils gagnoient n'étoit pas, à beaucoup près suffisant pour leur nourriture et leur entretien : ils se trouvoient réduits à la plus affreuse misere.

Le jeune Baron grandissoit ; il paroissoit avoir du goût pour les voyages. Sa mere, dans la position où elle se trouvoit, ne crut pas devoir s'opposer à ses projets : elle se détermina donc à se séparer de lui, et à aller elle-même tenter la fortune loin de son village.

Un matin, elle rassemble tous les titres de son mari, qu'elle avoit eu la précaution de conserver ;

elle les renferme dans une petite boîte de fer-blanc, et appelle le Baron.

« Vous voyez, lui dit-elle, mon fils, que les années deviennent toujours plus fâcheuses, et qu'il nous est impossible de pouvoir subsister ensemble. Je sais que vous desirez voyager. Quoiqu'il en coûte beaucoup à mon cœur de me séparer de vous, il faut absolument, pour notre intérêt commun, que je fasse ce sacrifice. Voilà tous vos papiers, ajouta-t-elle; je les ai renfermés dans cette boîte. Je vous la remets; ne l'ouvrez point; ne la confiez à personne, et conservez-la précieusement. Peut-être un jour pourra-t-elle servir à votre avancement. Allez trouver votre sœur; faites lui vos adieux, et cherchez ensuite à gagner votre vie ailleurs. Quant à moi, je vais aussi quitter ces lieux qui ont été trop long-temps le théâtre de ma misere. Adieu, mon cher enfant. Puisse, hélas! la fortune se lasser de nous être contraire! puissions-nous jouir enfin d'un avenir plus tranquille »!

A ces mots, elle embrasse son fils, puis elle l'envoie trouver sa sœur. Pour elle, sans attendre le retour du Baron, elle fait un petit paquet de son linge et de ses habits, l'emporte sur son dos, et quitte de nouveau le village de Fontette, sans que l'on ait jamais pu savoir depuis de quel côté elle avoit dirigé ses pas.

Le jeune Baron alla effectivement trouver sa sœur; il lui rapporta le discours que venoit de lui tenir sa mere. A ce récit, Marianne ne put s'empêcher de verser des larmes; elle courut, ainsi que son frere et Durand, à la maison qu'occupoit la Baronne : ils ne l'y trouverent plus. En vain ils chercherent à savoir de quel côté elle avoit dirigé ses pas; ils ne purent le connoître.

Le bon Durand consola sa filleule & son frere du mieux qu'il lui fut possible : il ne voulut point laisser partir le Baron, sans lui donner quelque argent pour faire son voyage ; il lui conseilla de ménager et de chercher à gagner sa vie en honnête homme; il lui remit douze francs, lui fit encore présent de deux de ses chemises, et le laissa suivre le cours de sa destinée.

Marianne alla reconduire son frere jusques à Bar-sur-Aube. Avant de se quitter, ils s'embrasserent, déplorerent leurs infortunes, et se firent les adieux les plus touchans ; ils se séparerent enfin. La sœur retourna à Fontette, et le frere poursuivit sa route.

Le Baron ne s'arrêta point, que lorsqu'il fut arrivé à Toulon. Là, comme il n'avoit plus d'argent, et qu'il ne savoit de quel côté donner de la tête, il se fit Mousse sur le premier vaisseau où l'on voulut bien le recevoir. Ne pouvant trouver mieux, il se contentoit de son état; il travailloit avec ardeur; il étoit l'exemple de ses compagnons.

Il se faisoit appeller Valois. Un jour le Marquis de Courci l'entendit nommer. Frappé de son nom, il l'interrogea sur sa patrie. Le jeune homme lui répondit qu'il étoit Champenois, originaire de Fontette; que son pere en étoit Seigneur, et qu'il avoit dépensé toute sa fortune. « Quant à moi, ajouta-t-il, orphelin dès l'enfance, et sans aucune ressource, je n'ai trouvé jusqu'alors d'autre moyen de pouvoir subsister, que celui d'exercer le métier que je fais ».

« Ce que tu me dit là, est-il bien vrai, répartit le Marquis de Courci? -- Oui, Monsieur, répliqua le Baron; je n'en impose pas; j'ai des papiers qui vous convainqueroient de la vérité, si je pouvois vous les montrer. -- Où sont-ils tes papiers, mon ami, dit le Marquis de Courci? je serois bien aise de les examiner. -- Il ne m'est pas permis de vous les faire voir, Monsieur, réprit le jeune Mousse; car en partant, ma mere m'a bien défendu de les confier à qui que ce soit ». Le Marquis insista; le petit Mousse persistoit toujours dans son refus de donner sa chere boîte. Enfin, le Marquis se fâcha, pour ainsi dire, et dit au Baron: « Choisis mon ami, ou de me laisser lire tes titres que je te remettrai

remettrai ensuite, ou de perdre ta place : il n'y a point de milieu ».

Après une semblable menace, il n'y avoit plus à balancer entre les deux partis. Le Baron aima mieux donner ses papiers, que de courir les risques de manquer de pain, en perdant son état : il alla donc chercher sa boîte, et la remit au Marquis, qui se retira dans sa chambre, pour examiner à loisir les titres qu'elle renfermoit.

Le Marquis ne découvrit point sans un extrême étonnement la vérité de tout ce que lui avoit dit le jeune Mousse : il ne put s'empêcher de faire de profondes réflexions sur le caprice de la fortune, qui tantôt abaisse ceux qui devroient occuper les premiers emplois, tandis qu'elle tire de la fange des personnes qui sembloient ne devoir jamais sortir de l'obscurité, et qu'elle les éleve au faîte des grandeurs.

Le sort de l'infortuné Baron toucha si vivement le Marquis de Courci, qu'il se proposa sur le champ de l'adoucir; il fit appeller le jeune Valois dans sa chambre : « Mon ami, lui dit-il en lui remettant ses papiers, vous n'étiez point destiné à remplir le rôle que vous faites ici; vous vous devez à vous-même le desir d'occuper une place plus honorable : je ne veux plus que vous exerciez davantage le métier de Mousse; répondez à ma bonne volonté pour vous ; soyez sage ; je vous promets à cette condition d'avoir soin de votre avancement, et de chercher à faire votre bonheur.

Peindre la surprise du jeune homme, les divers mouvemens qui s'élevoient tour à tour dans son ame, c'est ce qu'il seroit impossible de rendre avec énergie : il est des situations qu'il est plus facile de sentir que d'exprimer ; il étoit aux pieds du Marquis, la bouche collée sur ses mains ; il les baisoit, et les arrosoit des larmes de la joie et de la reconnoissance ; il vouloit balbutier quelques mots de remerciemens ; mais le sentiment ne lui laissoit que le langage des yeux, et les transports d'un cœur extrêmement sensible aux bontés de son généreux protecteur.

Le Marquis de Courci jouissoit du plaisir le plus pur pour l'homme qui pense ; celui de faire un heureux : il releva avec bonté le Baron de Valois, commanda à tout l'équipage d'avoir de la considération pour lui ; il le fit habiller à ses dépens, lui donna plusieurs maîtres, et le fit passer d'abord par tous les différens grades subalternes de la Marine, pour le mettre en état de pouvoir commander un jour avec prudence et discernement.

Le Baron, excité par le motif de la gloire et de la reconnoissance, fit des progrès rapides. En peu de temps, il parvint à avoir une éducation cultivée ; il donna des marques de valeur et de sagesse, qui le firent respecter et chérir.

Les choses étoient en cet état, lorsque la Marquise de Boulainvillers, impatiente de ne recevoir aucune réponse à la lettre qu'elle avoit écrite à la Baronne de Saint-Remi, jugea à propos d'en faire écrire une seconde au Curé de Fontette. Jeanne le prioit de lui envoyer son extrait baptistaire, et de lui donner des nouvelles de sa mere, de son frere et de sa sœur.

Le Curé de Fontette fit passer l'acte qu'on lui demandoit : il apprit à Jeanne, que nous nommerons désormais mademoiselle de Valois, que son frere et sa mere avoient disparus depuis plusieurs années, et que l'on ignoroit ce que l'un et l'autre étoient devenus. A l'égard de Marianne, il ajouta qu'elle étoit toujours avec Durand qui continuoit à lui servir de pere.

Ces nouvelles étoient moins faites pour consoler, que pour affliger mademoiselle de Valois : elles apportoient un retard considérable, ou, pour mieux dire, elles empêchoient la réussite de ses vastes projets. Sans les titres importans dont elle avoit besoin, et qu'elle croyoit être entre les mains de sa mere, la bonne volonté de la Marquise de Boulainvillers pour elle, devenoit, pour ainsi dire, stérile.

Son ambition étoit sans bornes. Quoiqu'il ne lui manquât rien chez sa bienfaitrice, elle se formoit cependant des idées d'un bonheur bien plus grand que celui dont elle jouissoit alors, si elle pouvoit parvenir un jour à se faire reconnoître pour une descendante des Valois.

Remplie de cet objet, elle écrivit par-tout; elle fit faire les perquisitions les plus exactes pour tâcher de découvrir le lieu de la retraite de sa mere; mais il lui fut impossible d'en avoir connoissance.

Elle ne pouvoit se consoler de l'obstacle qui sembloit s'opposer à l'exécution de ses desirs; elle ne pensoit plus que ses souhaits pourroient être accomplis, lorsque le hasard vient faire renaître dans son ame l'espoir que le peu de succès de ses recherches sembloit en avoir banni pour toujours.

Le Marquis de Courci étoit en relation de lettres avec Madame de Boulainvillers : il lui fit part de l'anecdote du Baron, et l'instruisit dans le plus grand détail de l'histoire de ce jeune homme; il lui marqua de plus qu'il pensoit, sous peu de temps, l'emmener avec lui à Paris, et le faire présenter au Roi.

La Marquise, charmée de cette bonne nouvelle, jugea à propos de garder le secret sur cette aventure, et de n'en rien découvrir d'abord à sa protégée : elle vouloit lui ménager la surprise d'une entrevue avec son frere et sa sœur, qu'elle comptoit faire revenir de Fontette, et jouir avec le Marquis de Courci et quelques autres personnes, choisies de la scene attendrissante de la reconnoissance des trois Valois.

Madame de Baulainvillers écrivit aussitôt au Marquis, pour savoir au juste l'époque de son retour. Par la réponse qu'il lui fit, il la fixoit à deux mois.

Dans l'intervale, la Marquise écrivit à Durand, lui fit passer une rescription de vingt-cinq louis, sur la recette des tailles de Bar-sur-Aube, pour lui procurer la facilité de faire commodément le voyage de Paris avec sa filleule, et lui prescrivit de la lui amener, en l'assurant qu'elle vouloit prendre soin de la fortune de Marianne, et qu'elle sauroit en même temps reconnoître les services essentiels qu'il avoit rendu à cette pauvre orpheline.

Il étoit temps que la lettre de Madame de Boulainvillers parvînt à sa destination. Durand et sa femme se voyoient dans un âge avancé. Pensant que leur filleule n'avoit qu'eux pour soutien, ils craignoient de mourir avant d'avoir pu l'établir; ils ne vouloient pas la laisser livrée à elle-même.

Ils avoient déja remarqué qu'elle paroissoit avoir de l'inclination pour un de leurs voisins. C'étoit un jeune Laboureur aisé, et qui connoissoit assez la culture des terres : Durand n'avoit pas hésité de consentir à la recherche qu'il faisoit de la main de Marianne ; il étoit sur le point de la lui donner pour épouse, lorsque la lettre qu'il reçut de la Marquise vint faire échouer le projet de cette alliance inégale.

Cette lettre qui, dans toute autre circonstance, auroit comblé les vœux de Marianne, loin de lui procurer de la joie, lui causoit au contraire alors beaucoup de peines. Il falloit renoncer à la main de Colas : c'étoit ainsi que se nommoit son amant. Habitués l'un et l'autre à se voir dès l'enfance, il falloit s'abandonner pour toujours. Elle ne pouvoit se résoudre à cette triste séparation; elle se jette aux genoux de Durand, et le prie de ne pas la conduire à Paris.

« Je ne veux point m'éloigner de vous, lui dit-elle; vous m'avez élevée comme votre fille ; je vous considere comme mon Pere. Laissez-moi la satisfaction de passer mes jours avec vous. Je vous aime, ajouta-t-elle ; j'aime aussi Colas, que vous m'avez appris à regarder comme devant être mon époux. Que de liens m'attachent à ce pays ! Trouverai-je ailleurs plus de contentement ? Non, sans doute ; du moins je ne puis me l'imaginer. Croyez-moi, ne me conduisez point à Paris ; renvoyez le billet à cette Dame ; ne lui faites point d'autre réponse,

Qu'elle garde son argent et ses promesses. Quelque bonne volonté qu'elle daigne avoir pour moi, elle ne pourra jamais me faire retrouver le bonheur que je perdrois en m'éloignant de ces lieux ».

La sincérité regne sur-tout au village. Marianne ne savoit point encore déguiser sa façon de penser; elle n'avoit point encore sucé à la ville le poison dangereux de la dissimulation : la candeur habitoit sur ses levres, et ses paroles étoient l'expression du sentiment; elle ne savoit point alors rougir d'une inclination honnête; elle trouvoit au contraire de la satisfaction à la publier.

Durand avoit vu naître dans le cœur de sa filleule l'amour qu'elle avoit pour Colas; il l'avoit approuvé : elle croyoit, en le lui rappellant, qu'elle parviendroit à le détourner du dessein qu'il avoit de la conduire à Paris; elle se trompoit.

Durand avoit du bon sens; il n'étoit plus libre de disposer du sort de Marianne, dès qu'elle trouvoit une protectrice du rang de la Marquise : il le savoit; aussi ne laissa-t-il point à Marianne l'espoir de le fléchir, et de le faire changer de résolution; il employa au contraire tous les momens qui restoient à passer jusqu'à celui de leur départ, à préparer son esprit, de maniere qu'elle consentit enfin à ce voyage, pour lequel elle avoit témoigné d'abord tant de répugnance.

Si les nouvelles se débitent promptement dans les villes, la renommée les publie bien plutôt encore dans les campagnes. Il ne se passa pas deux jours, sans que l'on sût à Fontette et dans les environs, que Marianne devoit se rendre à Paris, et qu'une Dame de qualité vouloit prendre soin d'elle, et lui faire sa fortune.

Voici une anecdote que l'on rapporte à cette occasion, mais de laquelle nous ne voudrions pas garantir la certitude.

La Dame de Fontette avoit un procès pendant au Parlement, pour un objet considérable ; elle s'imagina que la Marquise de Boulainvillers pourroit lui être de quelques secours auprès de ses Juges. Pour s'acquérir des droits à sa bienveillance, elle imagina de conduire Marianne à Paris, et de la remettre elle-même entre les mains de la Marquise.

Dans ce dessein, elle profite de l'absence de Durand, qui étoit allé à Bar-sur-Aube, pour acheter des habits à sa filleule, et faire les préparatifs de son voyage; fait venir au château Marianne, qu'avant elle ne daignoit pas favoriser d'un regard; lui ôte les habits de grosse toile qu'elle portoit, la fait parer superbement, et la garde chez elle.

Durand, de retour, apprend que Marianne est au château : il y court, et la redemande. « Votre filleule reste ici, lui dit Madame de Fontette; je me propose de la conduire moi-même à Paris ; ainsi n'en soyez point inquiet ».

Durand insiste : « Bon Dieu ! vous m'excédez, ajouta-t-elle : allez donc, bon-homme. Eh ! que feriez-vous de *mademoiselle de St.-Remi?* -- Hélas ! Madame, lui répartit Durand, il y a deux jours, qu'eussiez-vous fait de Marianne » ? A ces mots, sans attendre d'autre réponse, il prend sa filleule par le bras, la fait sortir du château, la reconduit chez lui, et fait reporter à Madame de Fontette les riches habits dont elle l'avoit parée.

Le pauvre Colas ne fut pas des derniers à apprendre la nouvelle du prochain départ de sa maîtresse. Aussitôt qu'il la sait, il court chez Durand, qu'il trouve avec Marianne. « Vous allez donc me quitter, dit-il à celle-ci ! Je ne serai donc pas votre époux ! A la veille de nous unir par des liens indissolubles, vous allez habiter loin de moi. Marianne, ma chere Marianne ! j'abandonnerois toutes les richesses de l'univers pour vous posséder ; et vous ne seriez pas capable du même sacrifice ? L'appas d'une fortune vous ébloui roit ! Hélas ! vous trouverez sans doute des hommes qui vous aimeront par intérêt, et qui se diront vos amans ; mais ils ne vous seront jamais autant attachés que moi ; jamais ils ne pourront vous aimer autant que je le fais »,

Marianne baissoit les yeux à ces paroles, et soupiroit : elle alloit répondre; Durand ne lui en donna pas le temps. « Si vous aimez sincerement ma filleule, comme je n'en doute point, répliqua-t-il à Colas, vous devez préférer sa fortune à votre bonheur, l'engager vous-même à remplir son devoir, et à obéir, sans murmurer, aux ordres de la Marquise. Il est sans doute désagréable pour vous de perdre l'espoir d'obtenir sa main ; mais lorsque je consens à ce qu'elle me quitte, ne devez-vous pas m'imiter dans le sacrifice que je fais, et qui coûte si cher à mon cœur ? Marianne ne pouvant plus unir son sort au vôtre, vous conservera toujours son amitié. Eh ! que sait-on ? peut-être un jour se trouvera-t-elle à même de vous procurer une fortune assurée ; ce qu'elle n'auroit pas pu faire, si elle fût devenue votre épouse » ?

C'étoit ainsi que le parrain de Marianne cherchoit à consoler l'infortuné Colas, et à faire prendre une résolution sage à sa filleule.

Afin de leur épargner à tous les deux le triste moment d'une séparation douloureuse, il n'instruisit point Marianne de l'instant du départ. Quand il fut arrivé, il prétexta qu'il avoit besoin d'aller avec elle à Bar-sur-Aube, pour terminer quelques affaires : elle le suivit; de-là il la conduisit à Paris.

Mademoiselle de Valois n'étoit toujours point

prévenue de l'arrivée de son frere et de sa sœur. Comme les vastes projets de son ambition, qu'elle ne croyoit pas pouvoir satisfaire, et le peu de succès de ses tentatives, lui occasionnoient de la tristesse, sa santé s'étoit un peu altérée : elle étoit allée avec mesdemoiselles de Boulainvillers passer quelque temps à la campagne pour se rétablir ; elle n'étoit point encore de retour, quand sa sœur arriva chez la Marquise.

On ne peut concevoir l'accueil obligeant que cette Dame lui fit, ainsi qu'à Durand, qu'elle ne dédaigna point d'admettre à sa table.

Quelques-uns de nos petits maîtres (qu'on me pardonne cette digression), trouveront sans doute singulier que la Marquise de Boulainvillers admette Durand, un pauvre Laboureur, à manger avec elle. Que ces Messieurs apprennent que ce n'est point l'état ni la condition qui élevent et honorent l'homme, mais bien la vertu. *La noblesse de sentimens ;* voilà la meilleure : nous pourrions ajouter la seule vraie. Durand étoit humain, compâtissant, bienfaisant ; il avoit eu soin de Marianne : dès son enfance, il lui avoit servi de pere ; il n'avoit point compté sur d'autre récompense que celle d'être persuadé qu'il avoit fait le bien : c'étoient là ses titres pour s'asseoir à la table de la Marquise qui savoit apprécier et chérir l'homme vertueux dans quelque rang que la Providence l'eût placé.

Pour récompenser l'honnête Durand des soins qu'il avoit eu de sa filleule, elle lui fit obtenir la permission de débiter du sel et du tabac dans son village, le retint quelques jours avec elle; et, lorsqu'il voulut retourner chez lui, elle lui fit présent d'une bourse dans laquelle il y avoit plus de cinquante louis.

Quant à Marianne, la Marquise la fit parer des habits d'une des demoiselles ses filles : elle lui procura tous les divertissemens qu'elle s'imaginoit pouvoir la flatter. La jeune personne y prit goût : bientôt la vanité et la coquetterie s'emparerent de son ame ; bientôt elle perdit de vue son fidele Colas : pas un mot tendre à Durand pour lui ; pas le plus léger souvenir : elle vit même partir son parrain avec une espece de fermeté et d'indifférence à laquelle le pauvre homme fut sensible, et qui commençoit à tenir de l'ingratitude.

Il y avoit déja près de huit jours que Marianne étoit chez madame de Boulainvillers, lorsqu'un matin celle-ci reçut un billet du Marquis de Courci, par lequel il lui apprenoit son retour, et la prioit de lui faire savoir l'instant où il pourroit lui présenter le jeune Valois. La Marquise lui fit réponse sur le champ, et remit l'entrevue à l'après-dîner du même jour.

Aussitôt elle envoya son carrosse à mademoiselle de Valois et à ses filles, pour les faire revenir de la campagne, sous le prétexte d'une fête qu'elle ne pouvoit se dispenser de donner, et à laquelle il convenoit qu'elles assistassent.

Elle n'avoit point dit à Marianne que sa sœur demeuroit avec elle, ni même qu'elle la connoissoit ; de maniere que cette jeune personne ne se doutoit point de la surprise agréable que sa généreuse bienfaitrice vouloit lui ménager. Madame de Boulainvillers la fit passer dans un appartement reculé de son hôtel, et l'y retint, sous divers prétextes, jusqu'à l'arrivée de sa sœur.

Enfin, mesdemoiselles de Boulainvillers et mademoiselle de Valois arriverent après les premieres caresses : la Marquise envoie chercher plusieurs de ses amis qui viennent aussitôt; elle fait avertir le Marquis de Courci de se rendre chez elle; ils ne tarderent pas à paroître.

On annonce le Marquis : « Voici, ma chere amie, dit madame de Boulainvillers en adressant la parole à mademoiselle de Valois, le commencement de la fête que je vous préparois. » A ces mots, les doubles battans s'ouvrent : le Baron entre dans la salle; Marianne s'y rend aussi par une porte opposée. Voilà, pour la premiere fois, depuis quinze ans, les enfans du Baron de Saint-Remi réunis.

Les regards de Marianne se fixent d'abord sur son frere ; ils rencontrent les siens ; ils se reconnoissent mutuellement ; un transport d'étonnement et de joie s'éleve tout à coup dans leur ame. -- Mon frere ! -- ma sœur ! ô ciel ! n'est-ce point un songe ? Mon cher Valois ! -- ma chere Marianne ! Ils sont dans les bras l'un de l'autre.

Au nom de Valois, la sœur aînée jette un grand cri, se précipite vers eux ; tous trois ils se tiennent étroitement embrassés : leurs soupirs multipliés, leurs exclamations réitérées sont les signes qu'ils donnent de la tendresse fraternelle. Les trois orphelins sont aux pieds de la Marquise ; ils les embrassent, les pressent, les trempent de leurs larmes : ils la nomment leur Mere, leur Dieu tutélaire : les expressions leur manquent pour exprimer toute l'étendue de leur gratitude ; les spectateurs étonnés sont dans l'admiration ; l'adorable Marquise jouit d'une félicité sans mélange : ce jour, le plus beau de sa vie, est le triomphe de sa bienfaisance et de son humanité.

Lorsque la nature eut joui de tous ses droits, et que les premiers momens de la surprise eurent fait place au calme de la raison, la compagnie pria les enfans du Baron de Saint-Remi de raconter chacun leurs diverses aventures. Le récit de leurs infortunes excita pour eux un vif intérêt dans les ames de leurs auditeurs. On porta jusqu'au ciel les louanges du Marquis de Courci, et celles de madame de Boulainvillers : tous deux ils se promirent bien de ne pas laisser leur ouvrage imparfait.

Par l'arrivée de son frere, l'espérance renaissoit dans le cœur de mademoiselle de Valois. Elle lui demanda tous ses titres, et les remit entre les mains de la Marquise. Celle-ci, de concert avec M. de Courci, fit dresser un Mémoire généalogique de la famille des Saint-Remi. Mademoiselle de Valois vouloit le faire présenter au Roi, et obtenir par ce moyen des graces, et des témoignages de la bienfaisance du Souverain.

Le Mémoire achevé, il fut montré à M. de Maurepas. Madame de Boulainvillers l'appuya auprès de ce Ministre. A sa recommandation, ce Seigneur en parla au Roi. Le Prince voulut voir le jeune Baron.

Présenté devant sa Majesté, Elle lui demanda s'il vouloit se destiner à l'état ecclésiastique. « Sire, répliqua le brave Marin, *servir son Roi, c'est servir son Dieu.* L'Auguste Monarque fut satisfait de cette réponse. Pour mettre ce jeune homme en état de suivre son service, Sa Majesté le gratifia d'une pension de huit cents livres.

Elle ne borna point ses bienfaits à ce seul témoignage de sa munificence. Les deux sœurs furent également pensionnées, et la Marquise les fit entrer successivement dans différentes Communautés religieuses, pour perfectionner leur éducation.

Pour le Baron de Valois, du grade d'Enseigne, il passa à celui de Lieutenant de Vaisseaux. Sa valeur et son mérite le firent avancer rapidement ; il obtint même la Croix de Saint-Louis, de laquelle il a été décoré à l'âge de vingt-huit ans; il a toujours continué depuis à se rendre digne de la bienveillance dont son Maître a daigné l'honorer.

Lorsque Marianne eut passé quelque temps à l'Abbaye de Longchamps, près Passy, qu'elle se fut un peu décrassée, et qu'elle eut pris, de ce que l'on appelle *l'usage du monde*, elle s'ennuya du couvent.

Sa sœur aînée n'étoit pas non plus fort satisfaite de se voir resserrée dans un cercle si étroit. Elles se dégoûterent toutes deux du genre de vie qu'elles menoient, et résolurent d'aller habiter Bar-sur-Aube, où elles espéroient briller davantage : elles se formoient d'avance les idées les plus flatteuses du rôle qu'elles se proposoient d'y jouer ; elles prétendoient que leur naissance les alloit faire extrêmement considérer, et qu'elles recevroient les hommages de toutes les personnes les plus qualifiées de cette petite ville.

Pour exécuter plus facilement leur projet, elles firent

firent accroire à madame de Boulainvillers qui les alloit visiter souvent dans leur retraite, que leur pere, à sa mort, possédoit encore dans les environs de Fontette, quelques héritages dont différens particuliers s'étoient emparés; que leur présence étoit nécessaire à Bar-sur-Aube, où elles parviendroient facilement à découvrir les détempteurs de leurs biens, et à se les faire restituer; enfin elles persuaderent à leur protectrice de les laisser partir, et elle y consentit.

La Marquise connoissoit à Bar-sur-Aube la dame Clausse de Surmont, femme du Prévôt de cette ville. Ce fut à cette Dame qu'elle les adressa, la priant d'être leur mentor, et de diriger toutes leurs démarches.

Arrivées chez la dame de Suremont, celle-ci, par considération pour la Marquise, accueillit avec amitié les filles du Baron de Saint-Remi; elle leur fit faire des visites générales: par-tout elles furent parfaitement bien reçues. Il est vrai que la curiosité avoit bonne part aux caresses qu'on leur faisoit, et n'empêchoit point la critique, ni les brocards. On glosoit sur la conduite de leur pere, sur celle de leur mere, et sur leurs propres aventures; on ne les épargnoit pas.

Mesdemoiselles de Valois, contentes des agrémens qu'on leur procuroit, ne faisoient pas semblant de savoir qu'elles étoient chapitrées dans les cercles; elles se mettoient au-dessus des propos.

Parmi les personnes que nos deux sœurs voyoient à Bar-sur-Aube, la dame de la Motte, veuve d'un Officier de Gendarmerie, étoit celle avec laquelle elles entretenoient plus de liaisons.

Cette dame avoit un fils dans le même Corps où son mari avoit servi : il arrive de Lunéville, et vient passer quelques mois chez sa mere ; il fait connoissance avec mademoiselle de Valois ; il en devient amoureux.

Quoique, par sa naissance, son rang et sa fortune, il ne soit point dans le cas de prétendre à sa main, il ne tarda pas à déclarer sa passion à celle qui en est l'objet.

On ne s'offense point de son aveu : le jeune homme est d'une taille avantageuse, d'une physionomie assez intéressante ; il est spirituel, vif, sémillant ; il plaît, et bientôt il est aimé.

Le mystere est le compagnon ordinaire de l'amour. Mademoiselle de Valois et le jeune de la Motte se garderent bien de laisser appercevoir leur mutuelle inclination : ils affectoient de ne pas se rencontrer souvent en public ; mais les rendez-vous secrets les dédommageoient amplement de cette contrainte.

Par-tout où mademoiselle de Valois étoit seule, le Gendarme de la Motte alloit l'y chercher ; il épioit les momens, il la poursuivoit... jusques à la garde-robe. Le siége peu commode de ce cabinet, qui ne fut jamais destiné à flatter l'odorat, fut l'autel sur lequel ils sacrifierent ensemble, pour la premiere fois, à Vénus.

Dans le temps que nos deux amans jouissoient en paix et en silence de toutes les douceurs de la volupté, il arriva chez madame de Suremont une scene désagréable et comique à la fois, qui ne leur permit plus de se voir aussi souvent qu'ils l'auroient desirés : voici à quelle occasion.

On se rapelle que Colas avoit été l'amoureux de Marianne, qui se faisoit appeller alors mademoiselle de Saint-Remi, et qu'elle n'avoit pas toujours dédaigné ses hommages. L'absence n'avoit pu bannir du cœur de ce paysan l'amour qu'il avoit eu pour elle.

Il apprend à Fontette que sa maîtresse est à Bar-sur-Aube, chez madame de Suremont; il y court, il y vole, s'adresse à un domestique, et demande à voir Marianne. Le domestique le reprend un peu vivement de sa rusticité. « Dites donc, *Mademoiselle de Saint-Remi.* -- *Mademoiselle de Saint-Remi*, soit, répondit-il; elle est toujours *Marianne* pour moi; je l'ai aimée, et je l'ai connue avant qu'elle fût *demoiselle.* »

Le domestique imbécille ou malin fait entrer Colas, l'introduit dans une salle où étoit mademoiselle de Saint-Remi, avec madame de Suremont et plusieurs autres personnes, et répete mot pour mot les paroles du jeune laboureur.

Colas, de son côté, ne se gêne point; la joie l'emporte sur toute autre considération : il saute au col de sa maîtresse, l'embrasse étroitement, en lui disant : « Ma chere Marianne ! que je suis aise de vous revoir ! m'avez-vous toujours été fidéle? avez-vous pensé quelquefois à moi ? m'aimez - vous toujours comme je vous aime ? » Mademoiselle de Saint-Remi ne lui laisse pas le temps de continuer son discours : elle rougit, se met en colere, le repousse et le traite d'insolent, et de *grédin*. Hors d'elle-même, et ne se possédant pas, elle l'apostrophe d'un soufflet, et lui ordonne de sortir sur le champ de la salle.

Madame de Suremont indignée de la hauteur déplacée de mademoiselle de Saint-Remi, et du mauvais traitement fait à Colas, lui donne un autre soufflet devant toute la compagnie, et la reprend vivement d'en agir ainsi avec un homme qu'autrefois elle eût été charmée d'avoir pour époux. Elle veut engager Colas à rester ; mais celui-ci la remercie, sort; et lorsqu'il est dans la cour : « Ah ! mon Dieu, dit-il, en s'en allant, comme la fortune change les mœurs, et détruit l'amour ! Elle ne se souvient plus, l'ingrate ! du temps où nous allions aux champs ensemble, et *où nous nous culbutions sur l'herbe ; elle a tout oublié.* »

Ces dernieres paroles furent recueillics; on les répétoit dans tous les cercles, et la malignité en tiroit des inductions, peut-être fausses, peut-être véritables.

Le départ de Colas ne mit pas fin à la scene : mademoiselle de Saint-Remi, outrée du soufflet qu'elle venoi. de recevoir de madame de Suremont, s'emporta contre elle en reproches et en injures; elle finit par lui dire qu'elle n'étoit point sous sa tutelle, et qu'elle alloit se retirer au couvent, où elle invita sa sœur à l'accompagner.

Mademoiselle de Valois, aussi fâchée que mademoiselle de Saint-Remi, l'auroit volontiers suivie, si la circonstance dans laquelle elle se trouvoit n'y avoit point porté d'obstacle : elle faisoit réflexion qu'en quittant madame de Suremont, elle ne pourroit plus voir librement le jeune de la Motte, et que leurs amours en souffriroient; c'est pourquoi elle prit le parti de dissimuler.

Elle chercha au contraire à rapprocher les esprits : elle vouloit jouer le rôle de médiatrice; mais sa sœur étoit entiere dans ses sentimens; elle ne se prêta point à entendre parler de réconciliation; elle se mit en pension aux Ursulines; et sa sœur continua de demeurer chez madame de Suremont.

Cette aventure fâcheuse astreignit mademoiselle de Valois à sortir beaucoup moins souvent qu'elle n'avoit coutume de le faire ; elle étoit obligée de tenir compagnie à Madame de Suremont : elles passoient ensemble des journées entieres. Le Gendarme de la Motte n'en étoit pas plus satisfait, C'étoient des soins, des précautions, des peines infinies pour saisir le quart-d'heure favorable d'entretenir sa maîtresse en particulier. Aussi savoit-il mettre à profit tous les instans des tête à tête que le hasard lui procuroit. Il se dédommageoit alors amplement de ses peines, comme il y parut bientôt.

L'embonpoint de mademoiselle de Valois ne souffrit aucune diminution par la contrainte où elle se trouvoit. Graces à l'amour, il augmenta de telle sorte, que, ne pouvant plus le cacher, elle fut obligée d'avouer qu'elle avoit goûté du fruit défendu.

Le Gendarme de la Motte prit sur lui d'en annoncer la nouvelle à sa mere : la bonne Dame n'en fut rien moins que flattée.

En effet, elle avoit à peine de quoi à subsister : ce n'étoit qu'à l'aide des emprunts qu'elle soutenoit son fils au service. Mademoiselle de Valois, avec ses huit cents livres de pension, ne pouvoit lui faire sa fortune; il falloit cependant les marier ensemble, quoique ce fût unir la faim avec la soif.

L'affaire devenoit délicate et embarrassante. On

ne pouvoit se dispenser de prévenir madame de Boulainvillers ; il falloit chercher à obtenir son consentement, puisqu'elle servoit de mere à mademoiselle de Valois. On doutoit qu'elle voulût l'accorder.

Dans cette conjoncture, madame de la Motte ne s'épuisa point en reproches et en représentations inutiles vis-à-vis de son fils.

Elle courut chez madame de Suremont, et lui communiqua la fâcheuse nouvelle qu'elle venoit d'apprendre, en la priant en même temps de l'aider de ses conseils.

Madame de Suremont ne fut pas médiocrement surprise de ce que venoit de lui dire madame de la Motte : elle fit appeller mademoiselle de Valois, la questionna sur ce sujet, et tira de sa bouche l'aveu d'une foiblesse, dont la jeune personne ne put convenir, sans baisser les yeux, et rougir.

Comme le mensonge ne lui coûtoit rien, la confusion ne lui ôta point la présence d'esprit ; elle prit sur le champ son parti. Voyant mesdames de Suremont et de la Motte incertaines sur ce qu'il y avoit à faire, elle leur fit part d'un projet que sans doute elle avoit médité : il fut approuvé et mis à exécution.

On résolut que, de concert avec mademoiselle de Valois, madame de Suremont écriroit à la Marquise; qu'elle lui demanderoit son consentement pour l'alliance projettée, sans la prévenir de la nécessité qu'il y avoit de la conclure.

La lettre, mise à la poste, parvint à madame de Boulainvillers.

On lui représentoit M. de la Motte comme un jeune homme de condition, qui avoit de grandes espérances à prétendre. Tout cela étoit faux : il ne possédoit pas un sol, et n'étoit rien moins que Gentilhomme; mais madame de Suremont fut crue sur sa parole. La Marquise consentit au mariage. La célébration en fut faite; et l'honneur de mademoiselle de Valois fut réparé.

Si le Sacrement mit madame de Valois de la Motte, ou de la Motte Valois (nom sous lequel elle s'est rendue depuis célebre dans le monde), à l'abri des reproches du côté de la conduite, il ne la mit pas d'abord à l'abri de l'indigence.

Son mari, suivant son contrat de mariage, avoit fait monter sa fortune à une somme de six mille livres; mais elle étoit sans doute hypothéquée sur les brouillards de la Marne, ou sur le coup de canon qui avoit fait perdre la vie à son pere, lors de la bataille de Minden; car jamais il n'en a pu toucher ni le capital, ni les intérêts.

Cependant, M. de la Motte avoit amené son épouse avec lui à Lunéville; il aimoit le faste et la dépense. En jeune homme de famille bien éduqué, il avoit contracté des dettes considérables, dont il ne pouvoit s'acquitter; il fut même poursuivi, et sur le point de se voir arrêter pour une somme de douze cents livres qu'il étoit hors d'état de payer.

Dans une si fâcheuse extrémité, M. de la Motte et sa femme se déterminerent à quitter Lunéville : ils apprennent que madame de Boulainvillers est à Saverne; ils s'y rendent. En lui découvrant leur misere, ils excitent sa compassion. Cette Dame, bonne et généreuse à l'excès, leur fournit de l'argent pour payer leurs créanciers; elle les présente à M. le Cardinal de Rohan : ils lui racontent d'une maniere pathétique une partie de leurs aventures.

Ce Prince, à la recommandation de la Marquise, et touché d'ailleurs par le récit de la dame de la Motte-Valois, promet sa protection aux deux époux; il s'intéresse effectivement pour M. de la Motte, et lui fait obtenir une pension de quinze cents livres, en considération des services de son pere.

Par le brevet qui la lui accordoit, il fut qualifié du titre de *Comte*; il n'avoit pas l'avantage d'être seulement ennobli : n'importe; il se voit tout à coup *dérotur isé*; il devient même un peu plus que simple Gentilhomme.

C'étoit ainsi que la fortune sembloit lui rire alors : elle auroit probablement continué de lui être propice, si, plus honnête homme et moins ambitieux, il ne se fût perdu par les moyens même qu'il employoit pour son élévation.

Après avoir reçu ces témoignages de la bienfaisance de madame de Boulainvillers, et de celle de M. le Cardinal de Rohan, le nouveau Comte de la Motte et son épouse retournerent à Lunéville; ils y payerent leurs dettes. Le mari obtint un certificat de service qui lui avoit été refusé tant qu'il n'avoit pas pu se libérer envers ses hôtes, ses marchands, ses ouvriers, ect. ect.

Il passa avec son épouse une partie de l'automne dans les plaisirs et la joie. Tous les Gendarmes s'empressoient de faire leur cour à la Comtesse. Son mari, par contre-coup, participoit à l'allégresse qu'elle faisoit régner parmi ses confrerés.

Tout alloit au mieux, lorsque la maladie de madame de Boulainvillers vint troubler le bonheur de ces deux époux.

Ils apprennent que leur bienfaitrice est dangereusement attaquée de la petite-vérole ; ils tremblent pour ses jours : en la perdant, l'espoir de leur fortune s'évanouit. A l'instant même, ils partent, et vont la trouver à Paris; ils n'arrivent que pour recueillir ses derniers soupirs.

La respectable Marquise qui avoit prévu, dès le commencement de sa maladie, qu'elle n'en releveroit jamais, regrettoit de quitter la vie avant d'avoir pu assurer le sort de sa protégée; elle engagea le Baron de Crussol, son gendre, à faire placer le Comte de la Motte dans les Gardes du Corps de M. le Comte d'Artois.

Le Baron de Crussol, par respect pour les dernieres volontés de sa belle-mere, fit obtenir au Comte le grade qu'il sollicitoit.

Ce fut à peu près dans ce temps que madame de la Motte, étant à Versailles, et visitant le château, parvint jusqu'aux appartememens de madame la Comtesse d'Artois, où cette Princesse étoit alors. Madame de la Motte, voulant se retirer, fit un faux pas dans la salle des Gardes, tomba, et perdit connoissance. Comme elle étoit enceinte, sa chûte fut dangereuse. On la transporta chez une Dame de la Cour; et l'on fut obligé de l'accoucher, aussitôt qu'elle fut revenue de son évanouissement. La Princesse, touchée de cet accident par un mouvement de bonté et de compassion, la fit traiter par ses Médecins, jusqu'à ce qu'elle fût parfaitement rétablie, et lui fit donner quelques sommes d'argent qui furent bientôt dissipées.

Avec une place honorable, un certain rang à soutenir, une femme prodigue et coquette à entretenir, et pas un sol pour frayer seulement aux besoins de premiere nécessité (car les pensions se trouvoient toujours mangées d'avance, et même elles avoient été aliénées depuis peu), le Comte de la Motte ne pouvoit être qu'extrêmement à plaindre.

La Comtesse supportoit son indigence beaucoup moins impatiemment encore que son mari. Comme elle étoit intrigante, elle résolut d'aller trouver M. le Cardinal de Rohan.

Elle rappelle à ce Prélat les promesses qu'il avoit daigné lui faire à Saverne, implore sa charité, et sollicite de lui des secours pécuniaires, que, par humanité, il ne peut lui refuser.

La premiere démarche de la Comtesse auprès du Prince avoit réussi au gré de ses desirs; elle réitéra souvent ses demandes; toujours elle obtenoit de nouveaux témoignages de la générosité de son protecteur.

Les bienfaits qu'elle et ſon mari tiroient de Son Altesse, étoient plus que suffisants sans doute, pour les aider à vivre d'une maniere honnête s'ils avoient eu de la conduite. Cependant, madame de la Motte ne les trouvoit pas assez considérables à son gré; elle présumoit qu'ils auroient été plus abondans encore, si le Comte de Cagliostro, qui possédoit la confiance du Prince, et dirigeoit, pour ainsi dire, toutes ses actions, ne lui avoit conseillé de mettre des bornes à ses largesses vis-à-vis d'elle.

Ce n'étoit qu'un simple soupçon de la part de la Comtesse ; il suffit néanmoins pour lui faire concevoir l'antipathie la plus forte contre M. de Cagliostro : elle fit l'impossible pour le noircir et le perdre dans l'esprit de M. le Cardinal ; mais voyant qu'elle ne pouvoit y réussir, elle renferma et nourrit dans son cœur ses projets de haine et de vengeance, en cherchant toujours l'occasion de les faire éclore.

On a parlé si diversement dans le monde de ce fameux Comte de Cagliostro, que le public, malgré la décision du procès, dans lequel il a été si méchamment impliqué par la Comtesse, ne sait encore si l'on doit le placer au nombre des imposteurs, ou des bienfaiteurs de l'humanité.

Si l'on en croit madame de la Motte et ses partisans, Cagliostro n'est qu'un visionnaire et qu'un fourbe, qui prétendoit avoir trouvé la pierre philosophale, et qui, pour mieux triompher de la crédulité de M. de Rohan, avoit fait dissoudre de l'or qu'il avoit su glisser adroitement dans un creuset, et l'en avoit ensuite retiré pour le montrer au Prince. Son Eminence, abusée par ce stratagême, s'étoit figurée que l'alchimiste étoit une de ces intelligences supérieures qui veillent au bonheur des mortels, et qui, par une faveur spéciale, daignoit se montrer à elle sous une forme humaine. Le Prince le révéroit d'autant plus, que le Comte l'assuroit qu'il possédoit le secret unique de prolonger la vie de l'homme beaucoup au-delà du terme ordinaire. Il lui faisoit accroire qu'il s'étoit trouvé à la bataille d'Arbelles, et qu'il avoit assisté avec Notre-Seigneur, aux *nôces de Cana.*

A l'appui de ces fables absurdes, ils en font venir d'autres : ils le disent tantôt fils d'un Juif Portugais, qu'ils ont grand soin de ne pas nommer ; et tantôt fils d'un cocher de Naples, appellé Thiscio ; ils soutiennent qu'il a parcouru différens Etats de l'Europe ; que, par-tout, il a trompé ceux qui ont eu le malheur de le connoître ; que, dans chaque pays, il changeoit de noms, de qualités et de professions, selon qu'il le croyoit utile à ses projets extravagans, ou qu'il pensoit avoir besoin de se déguiser, pour échapper aux recherches de la Justice.

Je connois des personnes, du nombre de celles qui s'amusent de tout, qui soutenoient plaisamment dans un Café, que le Comte étoit sans doute un de ces êtres amphibies, dont on ignore et le sexe et l'origine : ils vouloient qu'il fût né, ou de l'écume de la mer, ou de la manne que les Israélites alloient recueillir tous les matins dans le désert ; d'autres le disoient créé dix mille neuf cents soixante et sept ans avant la naissance du monde. Il avoit vu, suivant eux, la matiere tirée du néant, et avoit présidé à l'ordre établi sur la surface du globe.

Ceux qui le préconnisent prétendent au contraire qu'il est le plus fameux des médecins; qu'il possede toutes les sciences et les arts; que cet homme prodigieux ne fait usage de ses vastes connoissances et de ses rares talens, que pour le bien de l'humanité; en un mot, que la reconnoissance doit lui élever des autels dans tous les cœurs.

A l'égard de sa naissance, ils ne doutent nullement qu'il ne tire son origine d'une famille illustre et souveraine. Les dépenses considérables qu'il fait, sans jamais demander du crédit; la magnificence qu'il étale, l'air de grandeur qu'il fait paroître, son désintéressement, son mépris même pour les richesses; tout concourt à les entretenir dans cette persuasion.

Pour nous, qui pensons que le premier devoir d'un historien consiste à être véridique et impartial, nous n'ajouterons foi, ni aux propos satyriques que les ennemis du Comte de Cagliostro ont débités sur son compte, ni aux éloges outrés de ses panégyristes.

D'après le compte fidele que l'on nous a rendu de sa personne, nous nous croyons autorisés à assurer qu'il est fils naturel d'un Prince étranger, dont nous tairons le nom, par respect pour sa mémoire et son caractere; nous ajouterons que M. de Cagliostro a reçu l'éducation la plus brillante et la plus cultivée; qu'il a beaucoup voyagé, tant en Europe qu'en Asie; qu'il a profité de ses voyages pour acquérir des connoissances sur la physique et l'histoire naturelle; et qu'en médecine, il possede quelques secrets qu'il a éprouvés avec succès. Ce n'est point par l'alchimie, et ce ne sont point par des contes absurdes et propres à amuser, au plus, les enfans, qu'il a su gagner la confiance et l'amitié de M. le Cardinal de Rohan; mais c'est par une cure surprenante qu'il a faite à Strasbourg, devant Son Eminence. Une demoiselle de considération de cette ville étoit malade depuis un laps de temps considérable; les médecins l'avoient abandonnée; le Comte entreprit de la guérir, et il y réussit.

Mais c'est assez parler de M. le Comte de Cagliostro; reprenons le fil de notre histoire.

Les libéralités ou les aumônes de M. le Cardinal (comme on voudra les nommer) mirent bientôt le Comte et la Comtesse de la Motte en état de figurer un peu dans le monde.

Ils se choisirent une société composée de gens à projets comme eux, tous décorés, à peu de frais, des titres les plus relevés, qu'ils changeoient au besoin.

Ils se disoient tous, ou Marquis, ou Barons, ou Comtes.

C'étoit un Rétaux de Villette, de Bar-sur-Aube, petit-maître orgueilleux et fat, qui étoit venu faire briller ses prétendus talens dans la capitale, après avoir été chassé d'une société honnête, dans une petite ville de province, et avoir reçu un soufflet à un bal où il avoit eu la hardiesse d'insulter une jeune demoiselle de qualité, devant ses pere et mere.

C'étoit une le Guai d'Oliva, jeune nymphe pouliniere, qui trafiquoit publiquement de ses appas, connoissoit mieux le corps humain qu'un Professeur de Chirurgie, et étoit tellement expérimentée en physique, que, même à la Bastille, elle a donné des preuves parlantes et authentiques de son incontinence.

C'étoit un ex-savetier de la ville de Troyes; cousin de la Comtesse de la Motte. Celui-ci, à huis-clos, et par grace, étoit quelquefois admis à manger avec elle.

Enfin, c'étoit un nombre considérable de gens de tous sexes, de tous états, de toutes professions; femmes coquettes, filles entretenues, moines intrigans, officiers ruinés, robins désœuvrés, marchands, etc. etc.

Ce fut avec ces aventuriers que le Comte et la Comtesse de la Motte s'affermirent dans leurs projets, d'une ambition immodérée, qui fut la source de leurs peines.

Les sieurs Boëhmer et Bassanges, Jouailliers de la Couronne, étoient possesseurs d'un superbe collier de diamans, qui avoit appartenu, dit-on, à la Comtesse du Barri.

Chargés de le vendre, il avoit été présenté autrefois à la Reine et au Roi, pour en faire l'acquisition; mais Leurs Majestés, économes dispensateurs des richesses de l'Etat, préférant le bien de leurs Sujets aux vains objets d'un luxe toujours ruineux, avoient fait aux Jouailliers cette réponse sage; *qu'ils avoient plus besoin d'un vaisseau que de bijoux*; de maniere qu'ils avoient gardés le collier pour s'en défaire dans une occasion plus favorable.

La Comtesse de la Motte et son mari penserent qu'ils pourroient facilement parvenir à se l'approprier.

Pour s'enrichir, n'importe à quel prix, ils ne craignirent point de commettre la perfidie la plus détestable, et de payer de l'ingratitude la plus noire, le Prince auquel ils étoient redevables, pour ainsi dire, de leur existence.

La Comtesse connoissoit le caractere du Prélat; elle savoit que trop bon et trop crédule pour présumer qu'on pouvoit surprendre sa bonne foi, il donneroit facilement dans le piége qu'elle se propo- soit de lui tendre.

M. le Cardinal avoit le malheur d'être disgracié de la Reine : il en gémissoit ; il auroit sacrifié toute sa fortune pour recouvrer la bienveillance de Sa Majesté. Madame de la Motte ne l'ignoroit pas : la circonstance lui parut favorable à son des- sein ; elle la saisit.

L'artificieuse Comtesse avoit loué un appartement à Versailles : elle l'habitoit ; elle passa quelque temps sans voir Son Eminence qui, de son côté, étoit allée faire un voyage à Saverne.

A la premiere visite qu'elle lui rendit, lors de son retour, elle lui apprit qu'elle étoit honorée de la protection de sa Souveraine.

« La Reine, lui dit-elle, me comble de bien- faits ; elle daigne m'admettre dans sa confidence : je sais que Sa Majesté est prévenue contre vous par les ennemis de votre maison ; mais, si je puis avoir assez de crédit sur son esprit pour vous faire rentrer en grace auprès d'elle, comptez, Prince, que je me croirai trop heureuse. Vous ne devez pas douter de mon zele à vous servir ; il est fondé sur la plus sincere reconnoissance. »

Quoiqu'il n'y eût pas un mot de vrai dans tout ce discours, il n'en falloit pas tant pour captiver la confiance de M. le Cardinal ; il aimoit à croire ce qu'il desiroit avec tant d'ardeur. Transporté de joie et d'espérance, il conjura la Comtesse de ne pas négliger de défendre sa cause auprès de la Reine, et de prendre ses intérêts en main.

La Comtesse ne lui dit rien de plus dans cette premiere visite, parce qu'elle craignoit de trop brusquer les choses; elle le revit quelques jours après, lui montra des lettres qu'elle supposoit lui avoir été écrites par la Reine. Ce nouveau stratagême le laissa dans une erreur de laquelle il lui étoit absolument impossible de se tirer.

Avant de consommer son grand projet, madame de la Motte voulut essayer de connoître jusqu'à quel degré elle avoit répandu l'illusion dans l'esprit du Prince; elle lui dit que la Reine desiroit obliger des personnes qui se trouvoient dans la peine, et qui avoient besoin de soixante mille livres : aussitôt la somme fut comptée, sans autre examen.

Satisfaite de cette premiere épreuve, quelques mois après elle la réitéra sous un prétexte semblable; elle reçut encore cent mille livres. Comment Son Eminence lui auroit-elle refusé ces prétendus secours? Madame de la Motte ne les demandoit pas pour elle-même; et le Prince étoit fermement persuadé qu'il obéissoit à des ordres suprêmes.

La Comtesse ne se possédoit pas de joie de voir la tournure que prenoit son intrigue. Alloit-elle chez le Prélat ? elle le berçoit toujours de l'espoir chimérique de le faire rentrer en faveur ; et il ajoutoit foi à ce qu'elle lui disoit.

Dans une visite qu'elle lui fit : « Prince, lui dit-elle, je pars demain pour Versailles, où Sa Majesté m'a ordonné de me rendre : je chercherai à faire tomber la conversation sur votre sujet ; et, s'il est possible, je détruirai les impressions défavorables qu'on lui a fait concevoir contre vous. »

Quelques jours s'étoient passés depuis le dernier entretien que madame de la Motte avoit eu avec Son Eminence. Le Prélat n'entendoit point parler d'elle ; il en concevoit déja de l'inquiétude, lorsqu'elle vint le trouver.

« Je vous apporte, lui dit-elle, les nouvelles les plus satisfaisantes : j'ai parlé de vous avec Sa Majesté. Ce n'est pas sans peines que j'ai réussi à vous justifier dans son esprit : elle vous rend ses bontés ; mais avant de vous en donner des témoignages publics, elle exige de vous que vous vous chargiez d'une négociation particuliere que je vais vous expliquer. »

A ces mots, sans donner au Cardinal le temps de répondre et de la questionner, la Comtesse lui dit que la Reine vouloit acheter un collier de diamans, qui étoit entre les mains des sieurs Boëhmer et Bassanges; que, pour certains motifs, elle ne prétendoit point être connue, et qu'elle entendoit que ce fût lui-même qui en fît l'acquisition, en observant toutefois le plus grand secret sur cette affaire.

Cette proposition singuliere parut d'abord invraisemblable à M. de Rohan; il ne put s'empêcher de laisser entrevoir ses doutes à la Comtesse. Cette femme, adroite et fourbe, s'empressa de chercher à les dissiper.

Elle n'auroit pas pu cependant y parvenir, si elle n'avoit pas employé le stratagême audacieux dont nous allons rendre compte.

On se rappelle que la Comtesse avoit lié connoissance avec une demoiselle le Guay, que, dans sa société, elle faisoit passer sous le titre postiche de *Baronne d'Oliva.*

Ce fut à cette fille que madame de la Motte s'adressa pour lui faire jouer le personnage de la Reine, sans toutefois l'en instruire; elle la persuade de se trouver sur les onze heures du soir dans une des allées du jardin de Versailles, de remettre à la personne qui se présenteroit à elle *une rose*, en lui disant : *Vous savez ce que cela signifie; j'ai oublié le passé.* Elle promet une récompense considérable à la jeune personne, si elle veut suivre ponctuellement ce qui lui est prescrit.

L'infortunée d'Oliva, jouet de la plus indigne supercherie, est séduite par l'appas d'une somme de quinze mille livres, qui lui étoit offerte, sans cependant lui avoir été comptée : elle accepte la proposition ; il lui tarde déja d'avoir rempli son rôle. Malheureuse ! elle couroit à sa perte sans le savoir.

Assurée de la demoiselle d'Oliva, la Comtesse retourne auprès du Cardinal.

« Vous n'avez pas voulu m'en croire sur ma parole ; en croirez-vous la Reine elle-même ? Sa Majesté m'a chargé de vous dire que vous vous trouviez demain, à onze heures du soir, dans le parc de Versailles ; là, vous apprendrez de sa bouche ses véritables intentions.

Qu'il est facile de se persuader ce qu'on desire avec ardeur !

M. le Cardinal se reprocha secrettement jusqu'aux soupçons qu'il avoit pu concevoir un instant sur la sincérité des discours de la Comtesse : il étoit bien éloigné de présumer la scélératesse qu'elle tramoit contre lui.

Il attend avec la plus vive impatience l'heure du rendez-vous ; il s'y trouve, aborde respectueusement une femme qu'il pense être la Reine, et qui n'étoit autre chose que la jeune d'Oliva. *Vous savez ce que cela signifie; j'ai oublié le passé*, lui dit-elle en lui présentant une *rose*. Il n'a pas le temps de répliquer : on annonce *Madame et Madame la Comtesse d'Artois*; aussitôt M. le Cardinal se retire; il va s'empresser d'exécuter l'ordre qu'il s'imagine avoir reçu.

A peine de retour à Paris, le Prince court, ou, pour mieux dire, il vole chez les Jouailliers de la Couronne; il leur propose de vendre le collier; il dresse de sa main le projet des conventions qu'ils acceptent; il remet ce projet à madame de la Motte; celle-ci le garde pendant quelques jours; puis elle le rend au Cardinal, émargé et approuvé de cette signature fausse, *Marie-Antoinette de France*. Aussitôt le marché est conclu pour une somme de seize cents mille livres. Le collier est acheté; le Prince le porte à Versailles, et le remet à la Comtesse : celle-ci lui fait entendre qu'elle va le donner à la Reine.

On sera sans doute étonné que Son Eminence n'ait pas découvert la fausseté des approbations et de la signature apposée au bas du projet; mais la surprise cessera, si l'on fait attention qu'il y avoit très-long-temps que M. de Rohan n'avoit vu l'écriture de la Reine; qu'il ne se la rappelloit pas; que d'ailleurs ne formant aucun soupçon, il se trouvoit sans intérêt de chercher à la vérifier; et que les Jouailliers de la Couronne, auxquels il avoit communiqué cet acte, n'en avoient pas eux-mêmes apperçu le faux.

La Comtesse et son époux étoient trop rusés pour avoir écrit de leur main les apostilles qui se trouvoient insérées en marge du projet. S'ils l'eussent fait, s'ils eussent fabriqués la signature de Sa Majesté, à coup sûr le Prince auquel ils avoient écrit l'un et l'autre plusieurs fois, auroit facilement découvert leur crime.

Il leur avoit donc fallu un tiers : ce tiers ils l'avoient trouvé dans la personne de leur ami Rétaux de Villette. C'étoit lui qui avoit écrit les différentes lettres que madame de la Motte avoit montrées à M. le Cardinal ; ce fut encore lui qui, abusant du nom le plus auguste, mit la derniere main à l'œuvre qui devoit consommer leur fraude et leur escroquerie.

Cependant le Prélat croyoit avoir négocié l'achât de cette superbe parure de diamans pour la Reine : il étoit transporté de joie d'avoir pu trouver l'occasion de lui être utile ; il s'imaginoit à ce moyen qu'il alloit rentrer en faveur. Il a été cruellement détrompé par la suite ; mais n'anticipons point sur les faits.

Aussitôt que madame de la Motte et son mari virent

entre leurs mains le fameux collier, aprés la possession duquel ils soupiroient depuis si long-temps, ils se hâterent de le dépecer, et d'en vendre d'abord des parcelles en France. Leur homme de confiance, Rétaux de Villette, se chargea d'en débiter une partie. Le Lapidaire auquel il s'adressa soupçonnant que ces bijoux ne lui appartenoient pas, et qu'ils avoient été volés, l'alla dénoncer à un Commissaire de Police. Rétaux fut interrogé; il déclara que ces diamans appartenoient à madame de la Motte, qui lui avoit donné commission de s'en défaire : elle les réclama, et on les lui remit.

Cette petite aventure ne laissa pas de donner de l'inquiétude au Comte et à la Comtesse. Pour écarter tous les soupçons sur leur odieuse manœuvre, et n'avoir plus rien à démêler avec la Police, M. de la Motte, sous le nom de Comte de Valois, fit un voyage en Angleterre, se défit d'une partie de ces diamans, en laissa une autre entre les mains d'un Jouaillier Anglois, nommé *William Gray*, et acheta quantité de perles et d'autres bijoux, qu'il rapporta à sa femme.

De retour en France, le Comte et la Comtesse firent un voyage à Bar-sur-Aube : ils y avoient achetés un hôtel considérable ; ils le paierent comptant. Plus de vingt ouvriers furent employés à changer la distribution des appartemens, et à les décorer dans le dernier goût.

Tout le luxe Asiatique fut mis à contribution pour les meubler. Ce n'étoit par-tout que glaces et dorures : le lit de la Comtesse étoit lui seul un objet de plus de dix mille livres ; il étoit de velours cramoisi, garni de crépines et de galons d'or, brodé de même, et semé de paillettes et de perles fines, que le Comte avoit rapportées d'Angleterre.

Dans la salle à manger, deux buffets magnifiques, où la porcelaine et la vaisselle plate étoient étalées avec profusion, ne formoient pas la partie la moins somptueuse de leur mobilier.

Par cet échantillon, il est facile de juger du reste.

Le Comte avoit douze chevaux dans son écurie, cinq à six voitures plus brillantes l'une que l'autre, dans ses remises.

L'Auteur l'a vu à Bar-sur-Aube, en 1785, au mois de Juillet, somptueusement porté dans un cabriolet léger et superbe, fait en forme de ballon, et élevé de plus de dix pieds.

Le nombre de ses domestiques étoit considérable : leur livrée étoit on ne peut pas plus riche. Il étaloit, ainsi que son épouse, le faste le plus inoui.

Une fortune aussi rapide, après avoir végetés pendant tant d'années dans l'indigence, ne pouvoit manquer d'exciter de la jalousie contre le Comte et la Comtesse de la Motte. Le public se faisoit un plaisir de raconter leurs aventures, et d'en assaisonner le récit du sel de la plaisanterie et des sarcasmes.

Envain ils vouloient persuader que l'origine de leur fortune venoit des bienfaits considérables qu'ils avoient reçus des Princes et Princesses de la Maison Royale*, on ne les en croyoit pas; on attribuoit leur opulence à la prostitution des faveurs de la Comtesse : et l'on se trompoit. Mais quel est celui qui ne s'est jamais trompé ?

La fin du délai, dans lequel le premier paiement du collier devoit s'effectuer, approchoit : le Comte et la Comtesse ne le voyoient point arriver sans frémir ; leur crime se représentoit sans cesse à leur imagination sous les formes les plus terribles. La crainte, le trouble et le remords habitoient dans leurs cœurs.

M. le Cardinal lui-même n'étoit pas sans inquiétudes; il avoit eu occasion de voir de l'écriture de la Reine. Frappé de la différence qu'il remarquoit entre le caractere et celui des fausses approbations, il avoit chargé une personne de confiance qu'il avoit à la Cour, d'examiner si, dans les jours de cérémonie, la Reine se paroit du collier. On lui avoit rapporté qu'elle ne le portoit pas : ses alarmes redoublent; il fait venir les Jouailliers chez lui, les engage d'écrire à la Reine, et de remercier Sa Majesté de la grace qu'elle leur avoit faite d'acheter leur collier.

Quelques jours après, il va chez madame de la Motte, qui étoit nouvellement arrivée de la campagne. « Serois-je trompé, lui-dit-il? J'ai vu depuis peu de l'écriture de la Reine. Celle qui est en marge du projet ne paroît pas être la même. Sa Majesté ne met point la parure de diamans que vous m'avez fait acheter par ses ordres. La lui avez-vous remise vous-même; ou bien, la personne que vous avez chargée de la lui donner s'est-elle acquittée fidelement de ce devoir? Je ne sais que penser de tout cela ».

Madame de la Motte lui répondit qu'il pouvoit se tranquilliser; qu'à la vérité elle n'avoit point vu Sa Majesté écrire, mais qu'elle ne doutoit aucunement que les approbations ne fussent de sa main; qu'au surplus elle étoit certaine que le collier lui avoit été remis. « J'en suis tellement convaincue, ajouta-t-elle, que dans deux jours je dois vous remettre de sa part trente mille livres pour le paiement des intérêts qui sont dûs aux Jouailliers. »

M. le Cardinal, qui pensoit que madame de la Motte ne possédoit rien; qu'elle ne subsistoit que des charités qu'il lui faisoit, étoit bien éloigné de s'imaginer que c'étoit elle qui fourniroit la somme qu'elle promettoit. Deux jours après l'entretien qu'il avoit eu avec la Comtesse, elle lui porta ces trente mille livres : dès ce moment tous ses soupçons s'évanouirent, et il resta persuadé plus que jamais qu'il n'étoit pas dupé.

L'illusion ne pouvoit cependant pas toujours durer : la meche devoit se découvrir tôt ou tard. Madame de la Motte, qui la prévoyoit, et craignoit les suites qui résulteroient nécessairement de ses fourberies, se précautionna contre l'événement : elle fit partir en poste Rétaux de Villette pour les pays étrangers. En écartant ce complice de son crime, elle se tenoit, pour ainsi dire, assurée de l'impunité.

Dans le cas où elle se verroit compromise, la Comtesse prenoit ses mesures pour rendre le Prince, son bienfaiteur, et le Comte de Cagliostro, auquel elle avoit voué la haine la plus irréconciliable, les seules victimes d'une escroquerie dont ils étoient bien innocens.

Peu de jours après avoir donné à Son Eminence les trente mille livres dont nous avons parlé, elle lui fait accroire qu'elle est disgraciée à la Cour ; que l'on a rapporté à la Reine qu'elle s'étoit trop prévaluée de sa faveur, et qu'elle s'étoit rendue coupable de plusieurs indiscrétions. « Sa Majesté, ajoute-t-elle, m'ordonne de quitter à l'instant la Capitale ; Elle veut que mon éloignement soit le garant de mon silence. Il me faut au moins deux jours pour faire enlever mes meubles, et pour terminer mes affaires : je ne puis quitter Paris, avant qu'elles soient reglées. Cependant, il convient que je paroisse avoir obéi. Si je reste dans ma maison, je serai infailliblement découverte, et je serois perdue sans ressources dans l'esprit de la Reine. Je ne vois que vous, Prince, qui puissiez me tirer d'embarras : permettez que mon mari et moi nous demeurions cachés dans votre hôtel pendant vingt-quatre heures seulement : alors nous partirons, et nous nous rendrons chez une de nos parentes qui habite la Champagne.

Madame de la Motte ne découvrit point au Prélat qu'elle avoit acheté un hôtel magnifique à Bar-sur-Aube : elle affectoit de lui laisser croire qu'elle étoit toujours dans l'indigence.

M. le Cardinal donne dans le nouveau piége que lui tendoit la perfide Comtesse. Son mari et elle sont logés chez le Prince ; ils y restent un jour et demi, puis ils prennent la route de Bar-sur-Aube, se promettant bien, si l'événement ne répondoit pas à leur espoir, de se faire un moyen contre le Prince de la facilité avec laquelle il les avoit retirés chez lui.

C'étoit donc des couleuvres auxquelles il donnoit un asyle, et qu'il réchauffoit dans son sein.

Aussitôt que Son Eminence avoit reçu de madame de la Motte les trente mille livres qu'elle prétendoit lui avoir été remises par la Reine, elle les avoit données aux Jouailliers. Ceux-ci n'avoient point voulu recevoir cet argent pour les intérêts; mais ils avoient donné quittance à compte du principal.

Le premier terme de paiement étoit échu depuis long-temps; et les sieurs Boëhmer et Bassanges ne voyoient point arriver leur argent.

Impatiens de recouvrer leurs fonds, ils prennent le parti d'adresser à la Reine un placet par lequel ils la supplient de les faire payer.

Sa Majesté, fort étonnée de la répétition des Jouailliers pour une parure de diamans que jamais elle n'avoit fait acheter d'eux, montre le placet au Roi. Les sieurs Boëhmer et Bassanges sont mandés tous les deux à Versailles : ils expliquent au Monarque tout ce qu'ils connoissent de l'énigme; ils disent que M. de Rohan leur a acheté leur collier de diamans; qu'il leur a fait entendre que c'étoit pour la Reine, et qu'ils ne s'en sont dessaisi que dans cette persuasion.

Le Roi, étonné et courroucé en même temps de la hardiesse que l'on a eu d'abuser du nom respectable de son auguste épouse pour commettre une escroquerie semblable, fait venir devant lui l'infortuné Cardinal. Le Prince déclare qu'il a été trompé

trompé par une femme adroite, insinuante, ambitieuse et pleine de détours abominables; il nomme la Comtesse de la Motte Valois : quoiqu'il proteste de son innocence, il est conduit à la Bastille.

Que faisoient le Comte et la Comtesse pendant que l'on privoit le Prélat de sa liberté? Ils se livroient aux plaisirs de la table et du jeu; ils rendoient des visites, tant à Bar-sur-Aube, que dans les environs.

Ils apprennent que M. le Duc de Penthievre est à Château-Vilain; ils vont lui présenter leurs respects; ils se présentent à lui dans le costume le plus brillant.

Son Altesse, que ses relations avec la Cour mettoient en état d'être promptement instruite de tout ce qui s'y passoit, savoit déja la nouvelle de la détention de M. le Cardinal à la Bastille; Elle n'ignoroit pas que madame de la Motte étoit soupçonnée : aussi, le Prince lui fit-il un accueil si froid, qu'elle ne resta point au château; elle et son mari remonterent promptement dans leur superbe équipage, et reprirent la route de Clairvaux où ils souperent.

La nuit étoit déja fort avancée quand ils retournerent chez eux, et se mirent au lit.

Ils n'étoient pas encore levés, lorsque, sur les dix heures du matin, un Inspecteur de Police, accompagné de plusieurs Archers du Guet, se présentent chez eux : ils s'adressent à la femme-de-chambre, demandent à parler à madame de la

Motte : la femme-de-chambre réplique que sa maîtresse n'est pas visible. « *Visible ou non*, reprend l'Inspecteur, il faut que je lui parle : conduisez-moi dans son appartement. » Aussitôt il passe dans la chambre de la Comtesse, et tire lui-même les rideaux de son lit.

Fatiguée des plaisirs de la veille, elle goûtoit les douceurs du sommeil ; son réveil fut terrible. L'Officier lui montre la lettre de cachet, et lui annonce qu'il est chargé de la conduire à la Bastille. A peine lui donne-t-il le temps de s'habiller. Il s'empare de tous les papiers qui étoient dans son secrétaire, et enleve la prétendue descendante de Henri II.

Comme dans les premiers instans de sa détention, M. le Cardinal n'avoit nommé que la Comtesse ; qu'il n'avoit point parlé de son mari, on n'avoit pas cru devoir s'assurer de la personne de M. de la Motte, ni le priver de la liberté.

A la vue de l'Officier du Guet et de ses Hoquetons, la frayeur s'étoit emparé de son ame ; il étoit tombé sans connoissance entre les bras de l'un de ses domestiques. Lorsqu'il revint de son évanouissement, il ne retrouva plus son épouse.

Après avoir donné les premiers momens à sa douleur, il fit réflexion qu'un plus long séjour en France pourroit bien le mettre dans la nécessité de courir les mêmes dangers que la Comtesse ; il se hâta de prendre la fuite, passa en Angleterre avec la majeure partie de sa fortune, reprit les bijoux qu'il avoit laissés en dépôt chez le sieur Gray, lors de son premier voyage, et s'en défit à une perte considérable; de-là, il se rendit à Constantinople.

C'étoit dans ce pays qu'il attendoit le dénouement de la catastrophe, lorsqu'il fut reconnu par quelques François qui voyageoient dans les Etats du Grand-Seigneur. Sur des avis qui lui furent donnés sourdement, qu'il pouvoit être arrêté en Turquie comme en France, il s'est déterminé à monter sur un vaisseau corsaire, et à parcourir les mers.

Pendant que le Comte de la Motte échappoit aux mains de la Justice, son épouse faisoit de vains efforts pour persuader le Public et ses Juges de son innocence. Elle se trahissoit elle-même : la vérité éclatoit malgré elle, et perçoit au travers d'un tas de mensonges et de puérilités, sous lesquels elle espéroit l'étouffer.

Les horreurs de sa situation et de la prison dans laquelle elle étoit détenue, ne l'empêchoient pas de chercher les moyens de satisfaire à sa haine: elle sut montrer combien la vengeance a de pouvoir sur l'esprit d'une mauvaise femme.

Nous avons dit qu'elle détestoit le Comte de Cagliostro. Non contente de vouloir le perdre, elle prétendit sacrifier avec lui l'épouse de cet étranger malheureux.

A son interrogatoire elle déclare que c'est le Comte de Cagliostro qui est l'auteur de l'escroquerie ; que c'est lui qui a engagé M. le Cardinal à faire l'acquisition du collier ; qu'il a tellement fasciné les yeux et l'esprit du Prélat, qu'il lui a fait croire vraie l'apparition idéale de la Reine dans les jardins de Versailles.

Elle insinue que les Diamans ont été dépecés par le Comte et par la Comtesse ; qu'eux seuls en ont tirés tout le profit ; de maniere que ces infortunés ont été traînés à la Bastille ; que madame de Cagliostro y a gémi pendant près de huit mois ; et que le Comte n'en est sorti qu'après la décision du Procès.

Tant que madame de la Motte n'a vu aucun de ses complices arrêté, elle s'est toujours flattée qu'elle rendroit le Prince et le Comte de Cagliostro victimes du vol qu'elle seule avoit commis. Mais il est dans les décrets de la Providence que, tôt ou tard, le coupable subisse le châtiment qu'il mérite.

La demoiselle d'Oliva, la principale actrice de la scene des jardins, est enlevée à Bruxelles, où elle s'étoit réfugiée ; elle commence à soulever le voile dont la Comtesse de la Motte couvroit ses forfaits. Rétaux de Villette est pris à Geneve, conduit à la Bastille, et confronté à cette femme intrigante ; il déchire ce voile, et montre la vérité dans tout son éclat. Alors, la malheureuse Comtesse perd toute espérance : l'idée de la peine se joint à celle du crime, pour livrer son cœur en proie aux agitations les plus terribles, et aux remords les plus cuisans.

Pendant que l'on travailloit à l'instruction de la fameuse affaire du collier, il se présenta sur la scene un nouveau personnage que l'on n'attendoit point, C'étoit le fils d'un vitrier de Saint-Omer, qui s'appelle Bette d'Etienville.

Cet homme, à ce que l'histoire rapporte, se disoit chargé de trouver une personne de qualité, qui voulût épouser une Dame qui jouissoit de vingt-cinq mille livres de rente; et *cette Dame demeuroit chez la Comtesse de la Motte.* Heureux dans sa recherche, il avoit découvert un épouseur tel qu'on le desiroit. Celui-ci, sous l'espoir de son prochain mariage, s'étoit monté en bijoux de toutes especes; il avoit contracté des dettes que la dot de sa femme devoit acquitter; et l'entremetteur d'Etienville en avoit cautionné le paiement auprès des marchands.

La Dame à marier possédoit une quantité de diamans considérable. Dès la seconde visite que d'Etienville lui rend, elle le prie de lui en procurer la vente. Celui-ci n'accepte point la commission, parce qu'il ignore la valeur de ces objets précieux. Alors, plus de mariage. On use vis-à-vis du proxenete et du futur époux de remises et de détours. La détention de la Comtesse de la Motte arrive: on n'entend plus parler de la Dame. D'Etienville est regardé comme un filou par le galant, qui, au lieu de le prier à la nôce, le fait décréter de prise de corps, et conduire au Châtelet.

Cette anecdote paroît singuliere au premier coup-d'œil, et n'avoir aucune rélation à l'histoire de madame de la Motte : cependant, elle en laisse entrevoir une autre dont le public n'est point encore instruit. Cette Dame qui vouloit s'établir pourroit bien être la même que Marianne, ou mademoiselle de Saint-Remi, comme on voudra l'appeller : elle ne s'étoit probablement déguisée sous le nom de *Mella de Courville*, que pour engager son entremetteur, sans être connue, à faciliter la vente des diamans qui provenoient du collier.

Ce qui nous porte à le croire, c'est que, quelques mois avant l'enlevement de son épouse, le Comte de la Motte débitoit dans le public que la Comtesse étoit sur le point de marier sa sœur avec un Seigneur de la Cour. Il vouloit par-là s'attirer plus de considération, en affectant de paroître avoir du crédit et des amis puissans à Versailles.

La France et l'Europe entiere portoient leur attention sur la fameuse affaire du collier. Le procès de la Comtesse étoit instruit : les grands et le peuple, tout le monde la condamnoit, et prévenoit la décision des Magistrats. Enfin, elle est jugée.

M. le Cardinal et M. de Cagliostro sont lavés des crimes que leur imputoit madame de la Motte. Les portes de la Bastille sont ouvertes pour eux : ils en sortent, et sont reconduits à leurs hôtels par une foule de citoyens qui les félicitent sur le triomphe de leur innocence.

On ne considere la jeune d'Oliva que comme une personne de la bonne foi de laquelle les coupables avoient abusés ; et la liberté lui est rendue.

On envoye Rétaux de Villette exercer ses talens pour contrefaire les écritures, hors du Royaume : il est banni à perpétuité de la France.

A l'égard du Comte de la Motte, on le condamne, s'il a la bêtise de se laisser attraper, à être fleurdelysé sur les deux épaules ; puis, l'omoplate bien vergetée, on lui accorde un brevet pour ramer le reste de ses jours, sur les galeres de Sa Majesté.

Quant à son épouse, convaincue de son vol et de toutes ses machinations odieuses, la Justice décide qu'elle sera fouettée et marquée, et qu'ensuite on la renfermera dans un hôpital, pour y finir ses jours.

L'Arrêt avoit été rendu, mais il n'avoit point encore été mis à exécution contre la Comtesse. Elle étoit pour lors à la Conciergerie.

Un matin on lui annonce qu'on demande à lui parler au Palais. Surprise de cette nouvelle (car depuis quelque temps, on lui avoit refusé la permission de parler à qui que ce fût), elle répond qu'elle n'a pas reposé pendant la nuit, et qu'on la laisse tranquille. Le Geollier lui réplique que c'est son Conseil qui l'attend. -- Je puis donc le voir aujourd'hui, dit-elle. A l'instant elle se leve, passe un déshabiller dans ses bras, et le suit.

Conduite devant ses Juges, le Greffier lui prononce son Arrêt. Elle se trouble. L'étonnement, la frayeur, la rage et le désespoir s'emparent tout à coup de son ame, et la mettent dans un état de convulsions difficile à peindre. Elle n'a pas la force d'entendre d'un bout à l'autre la lecture qu'on lui fait : elle se roule à terre, pousse des hurlemens affreux; l'on a toutes les peines imaginables de la transporter dans la cour du Palais, pour lui faire subir sa condamnation.

Aussitôt qu'elle apperçoit les instrumens de son supplice, furieuse, elle saisit l'exécuteur des hautes-œuvres au collet; elle lui mord les mains, et emporte la piece; puis elle se tord, et se laisse traîner. On est obligé de lui déchirer ses habits, pour lui imprimer le fer chaud sur les épaules. Ses cris et ses imprécations redoublent; mais déja l'exécution est faite. On la conduit à l'hôpital.

C'est ainsi que cette femme est punie de l'ambition demesurée qui lui avoit fait sacrifier tous ses devoirs, et le Prince libéral qui la combloit de bienfaits. Malheureuse ! elle n'a pas eu même la triste consolation d'inspirer la pitié sur son sort. La plupart de ceux qui l'ont vu subir le châtiment qu'elle méritoit, s'écrioient comme *Candide*; tout es[t] [bie]n, tout va le mieux du monde !

On ne s'attendoit guere
A voir Candide dans cette affaire.

FIN.

www.ingramcontent.com/pod-product-compliance
Ingram Content Group UK Ltd.
Pitfield, Milton Keynes, MK11 3LW, UK
UKHW020207200726
13856UKWH00003B/1241